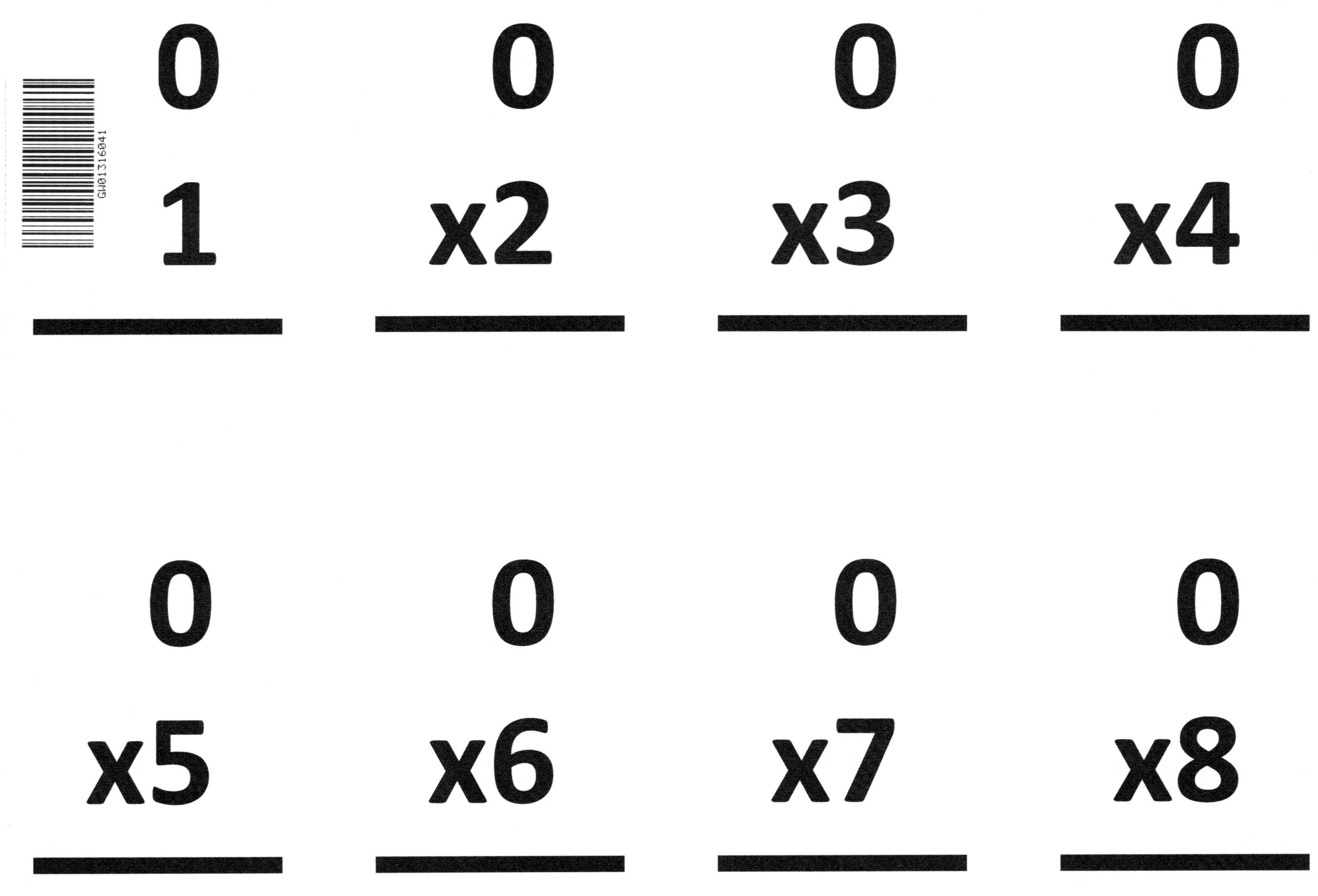

0	0	0	0
1	x2	x3	x4

0	0	0	0
x5	x6	x7	x8

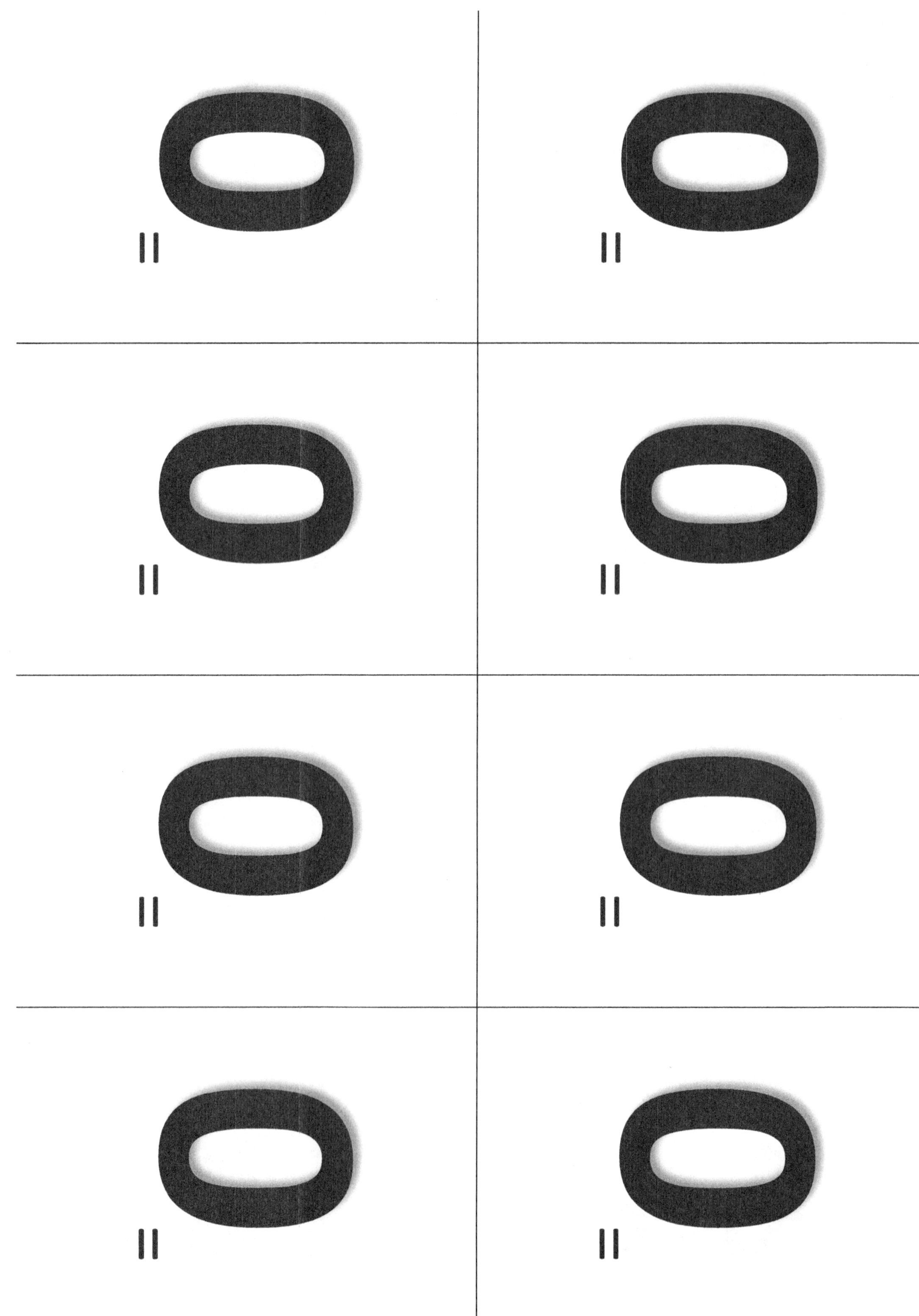

MULTIPLICATION & ADDITION FLASH CARDS

Instructions:

- Cut the cards along the gray lines
- Hold the card so that the multiplication problem is face-up or facing the user
- Read the problem and guess the answer
- Flip the card over to view the solution!

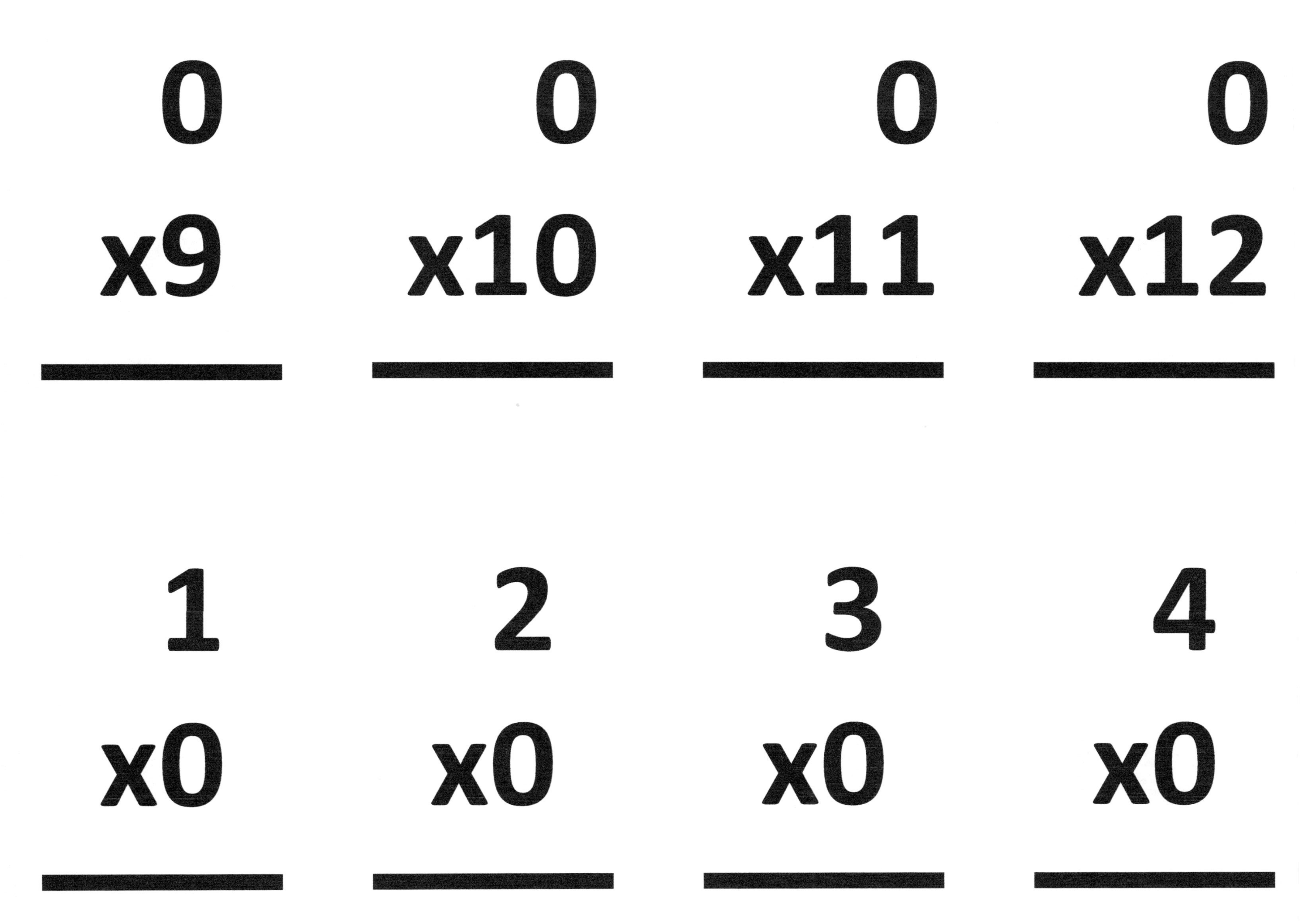

0	0	0	0
x9	x10	x11	x12
1	2	3	4
x0	x0	x0	x0

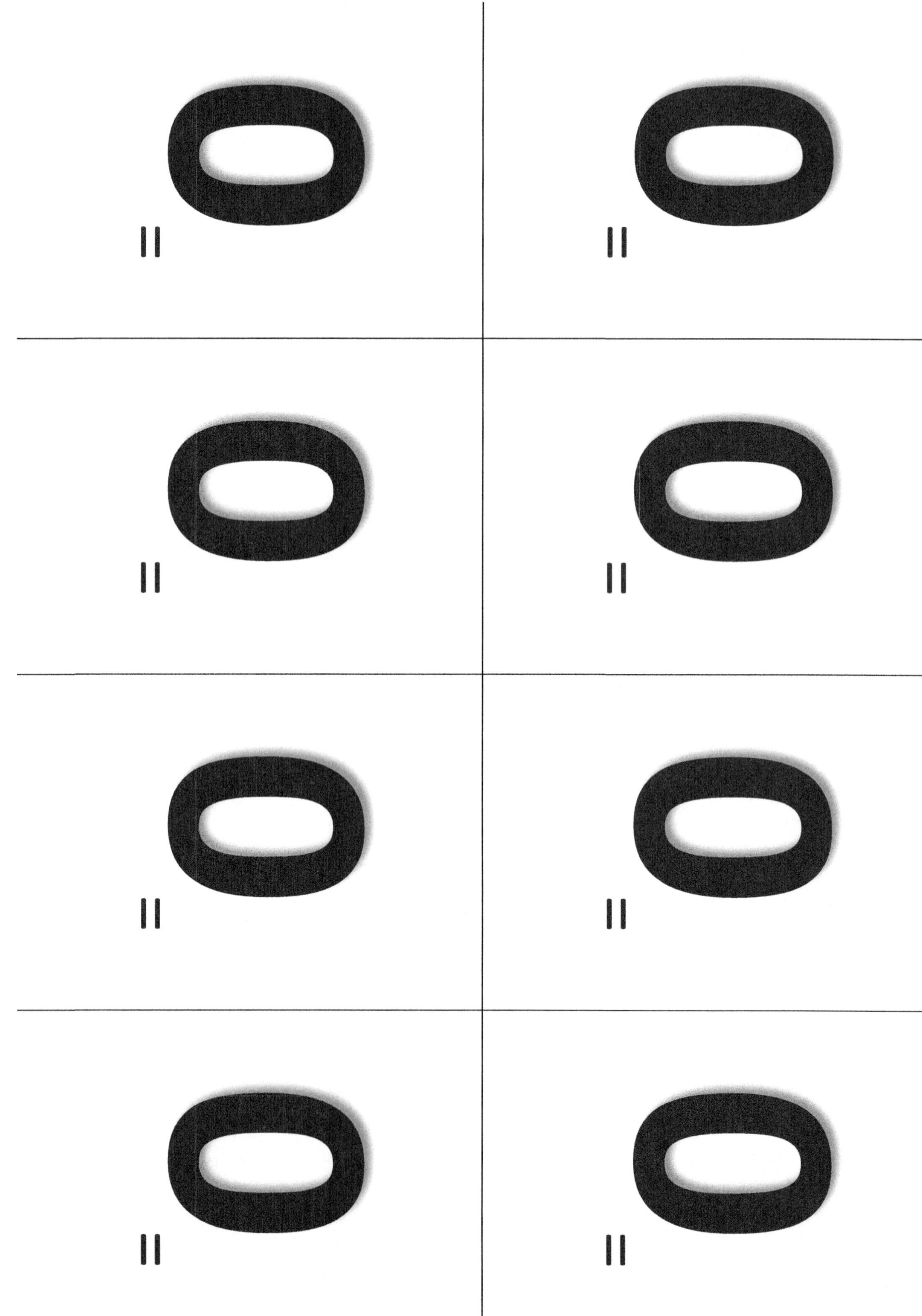

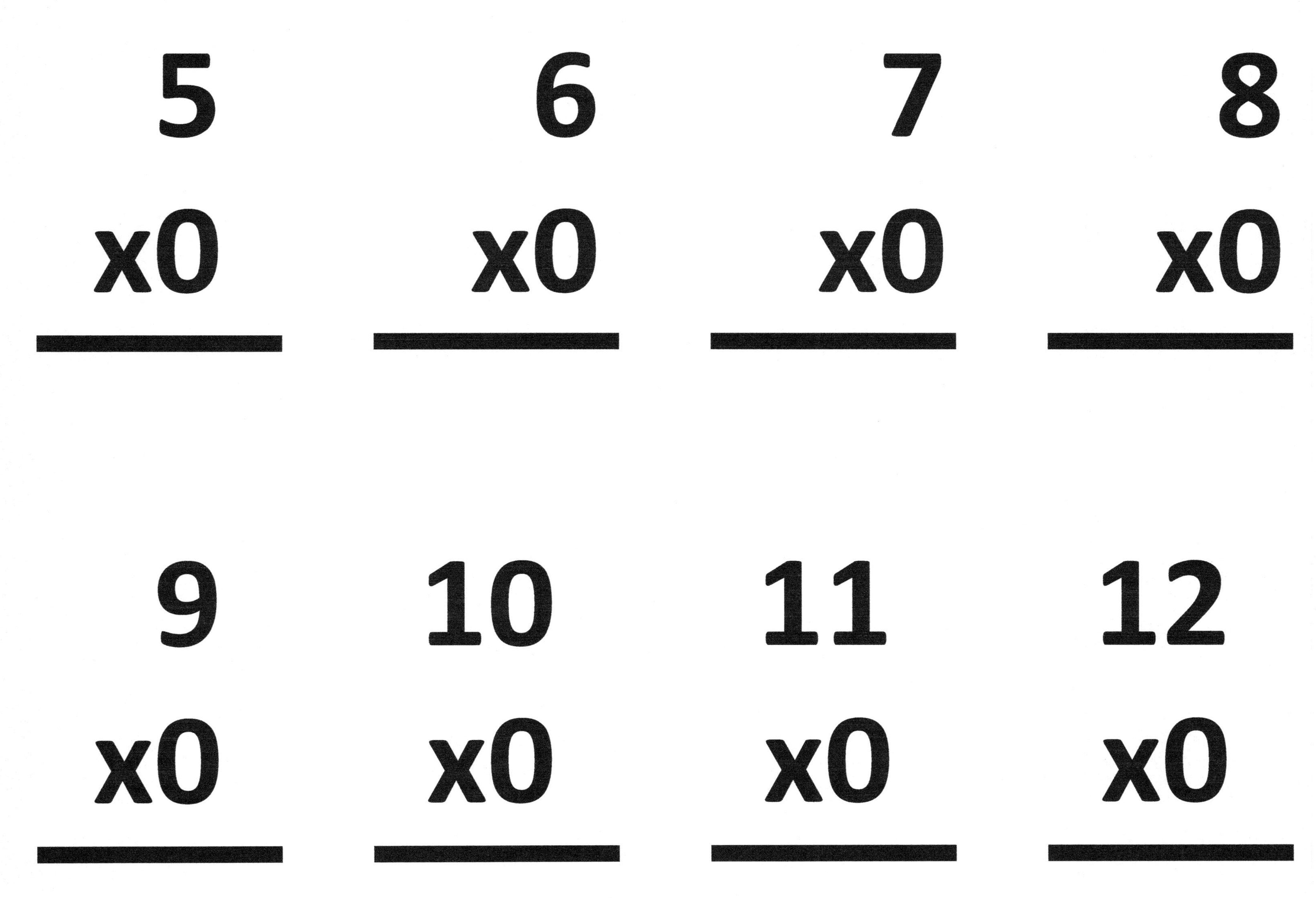
5
x0
6
x0
7
x0
8
x0
9
x0
10
x0
11
x0
12
x0

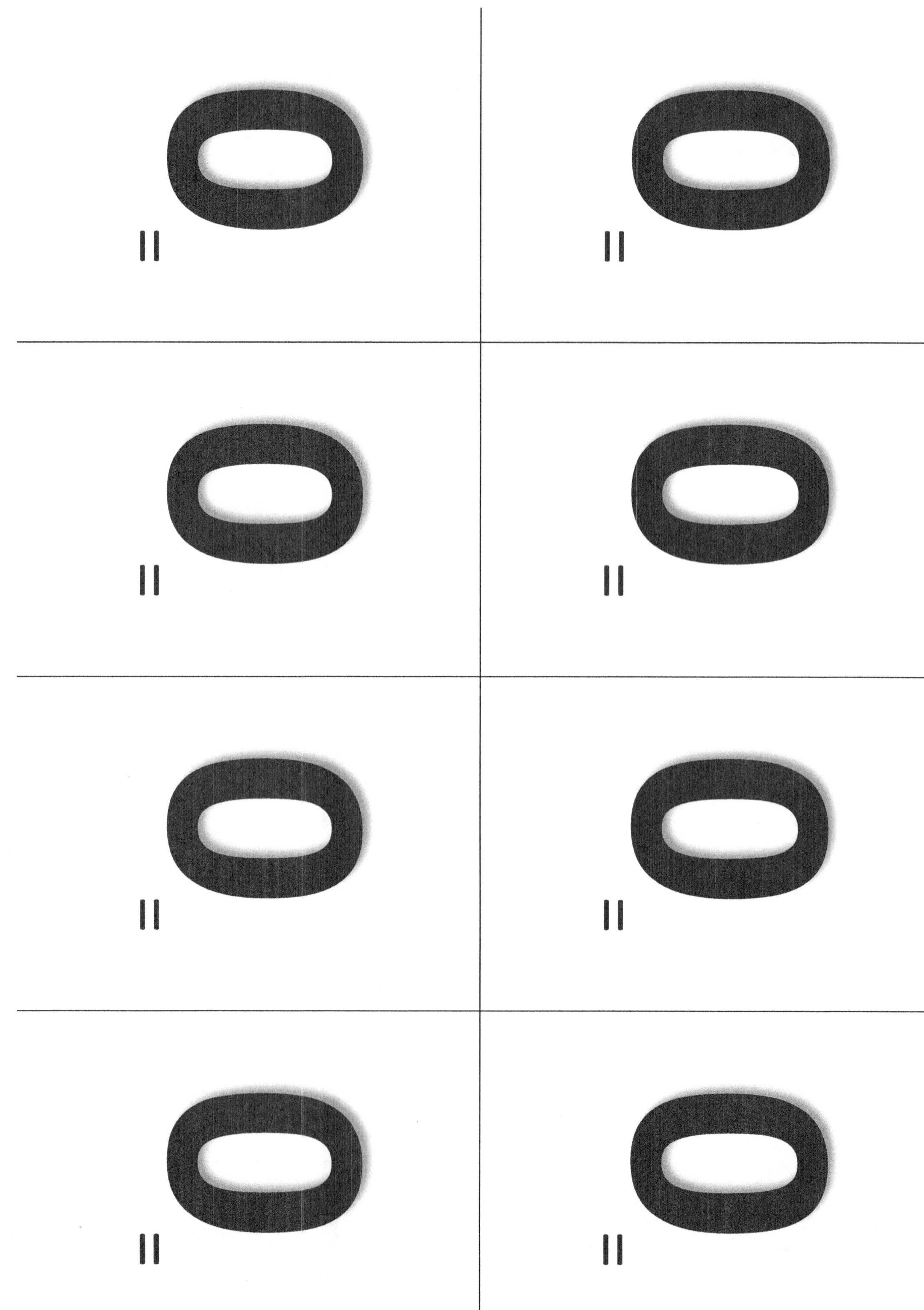

1	1	1	1
x1	x2	x3	x4
1	1	1	1
x5	x6	x7	x8

=	=	=	=
4	3	2	1
=	=	=	=
8	7	6	5

1	1	1	1
x9	x10	x11	x12

2	2	2	2
x1	x2	x3	x4

= 12	= 11	= 10	= 9
= 8	= 6	= 4	= 2

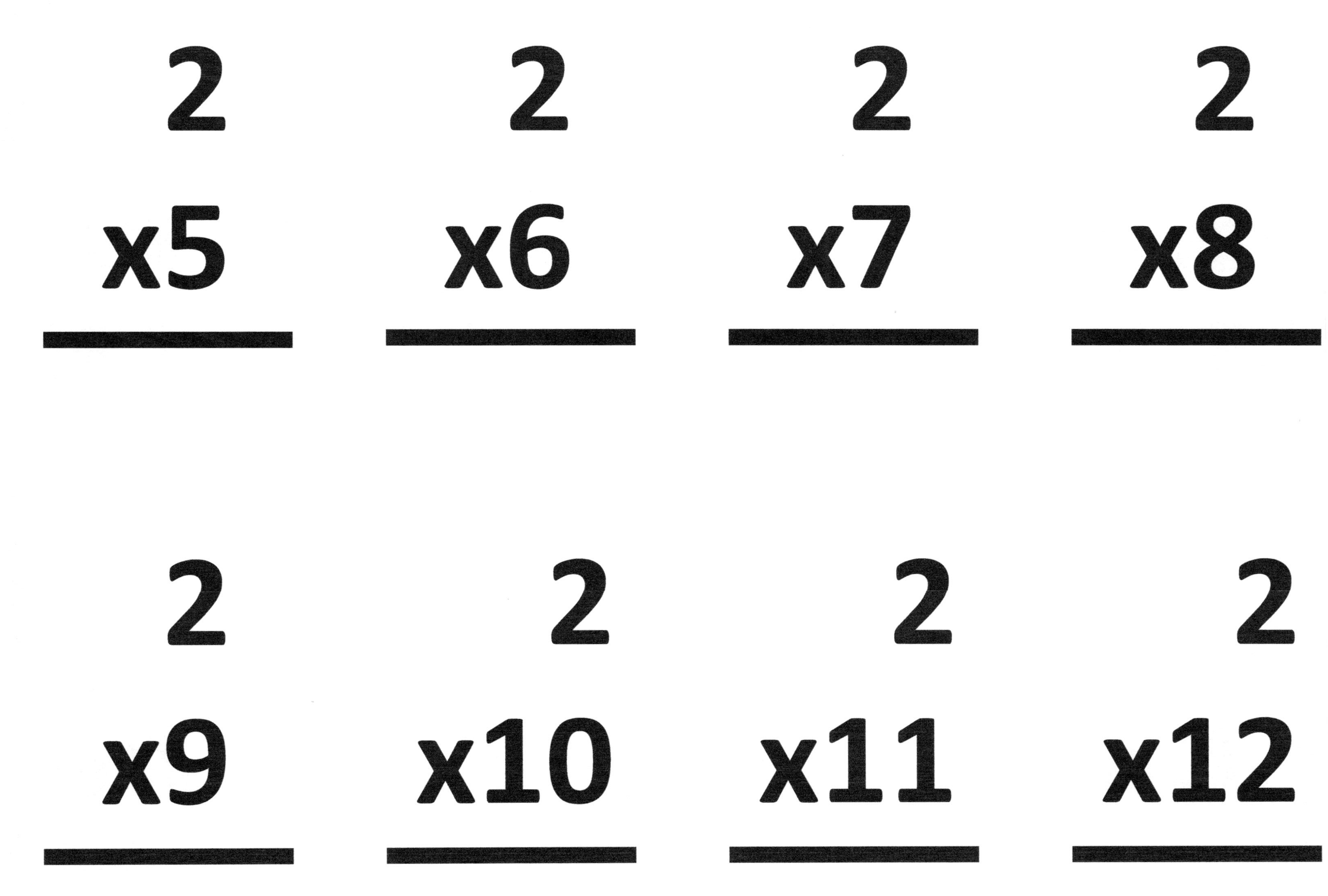
2
x5
2
x6
2
x7
2
x8
2
x9
2
x10
2
x11
2
x12

=	=	=	=
16	14	12	10
=	=	=	=
24	22	20	18

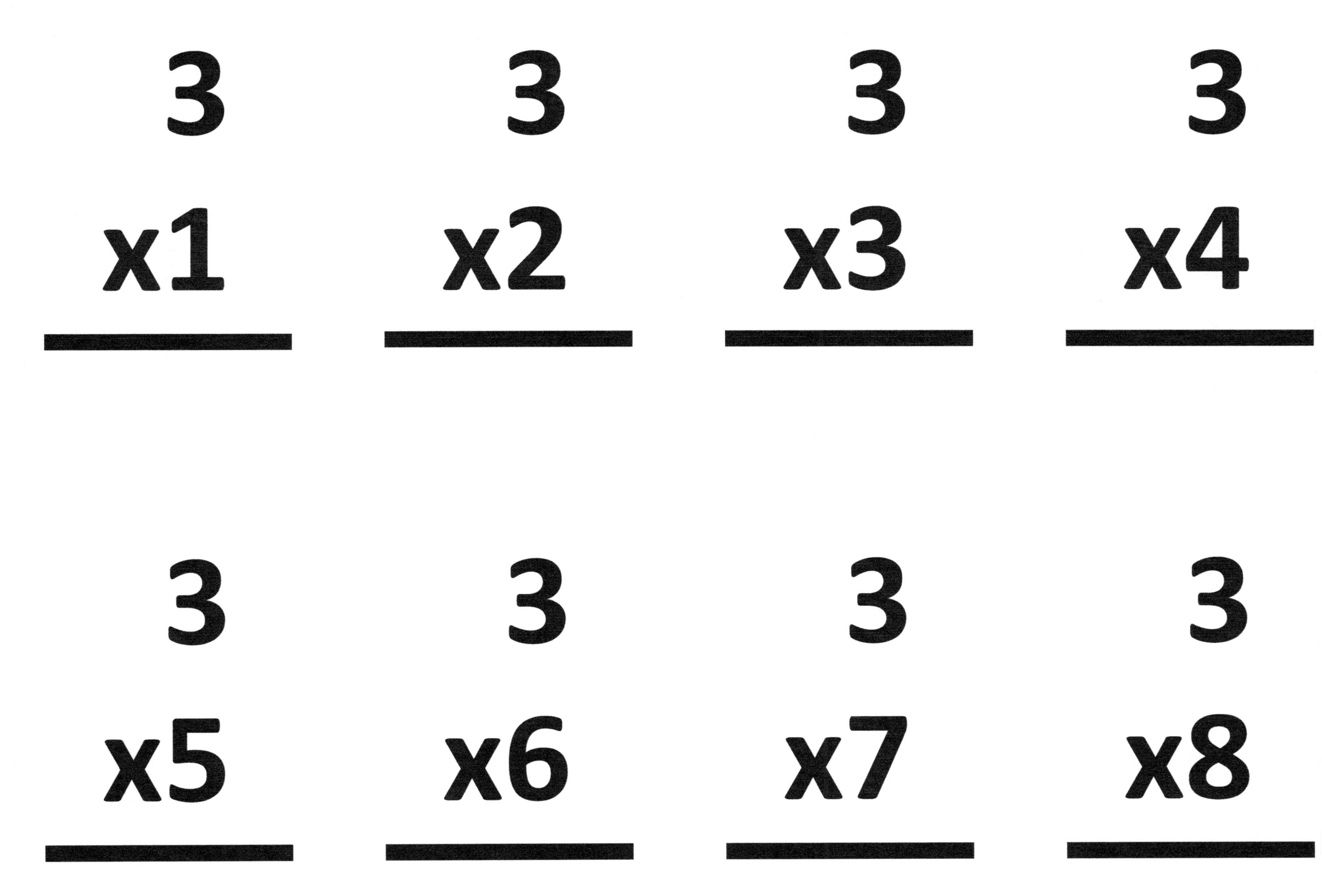
3
x1
3
x2
3
x3
3
x4
3
x5
3
x6
3
x7
3
x8

=	=	=	=
12	9	6	3
=	=	=	=
24	21	18	15

3	3	3	3
x9	x10	x11	x12

4	4	4	4
x1	x2	x3	x4

= 36	= 33	= 30	= 27
= 16	= 12	= 8	= 4

4	4	4	4
x5	x6	x7	x8
4	4	4	4
x9	x10	x11	x12

=	=	=	=
32	28	24	20
=	=	=	=
48	44	40	36

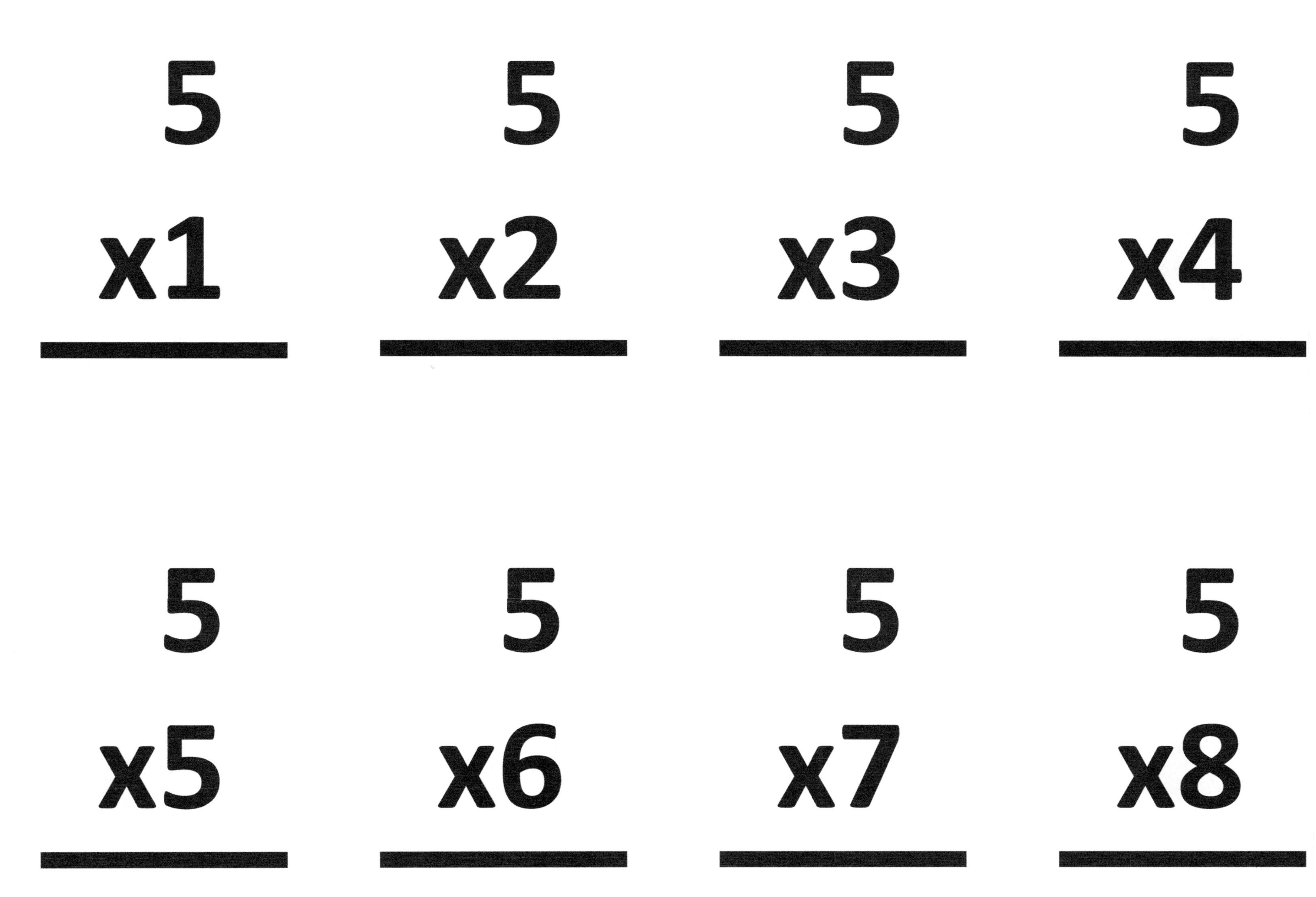
5
x1
5
x2
5
x3
5
x4
5
x5
5
x6
5
x7
5
x8

= 20	= 15	= 10	= 5
= 40	= 35	= 30	= 25

5	5	5	5
x9	x10	x11	x12

6	6	6	6
x1	x2	x3	x4

= 60	= 55	= 50	= 45
= 24	= 18	= 12	= 6

6	6	6	6
x5	x6	x7	x8
___	___	___	___
6	6	6	6
x9	x10	x11	x12
___	___	___	___

= 48	= 42	= 36	= 30
= 72	= 66	= 60	= 54

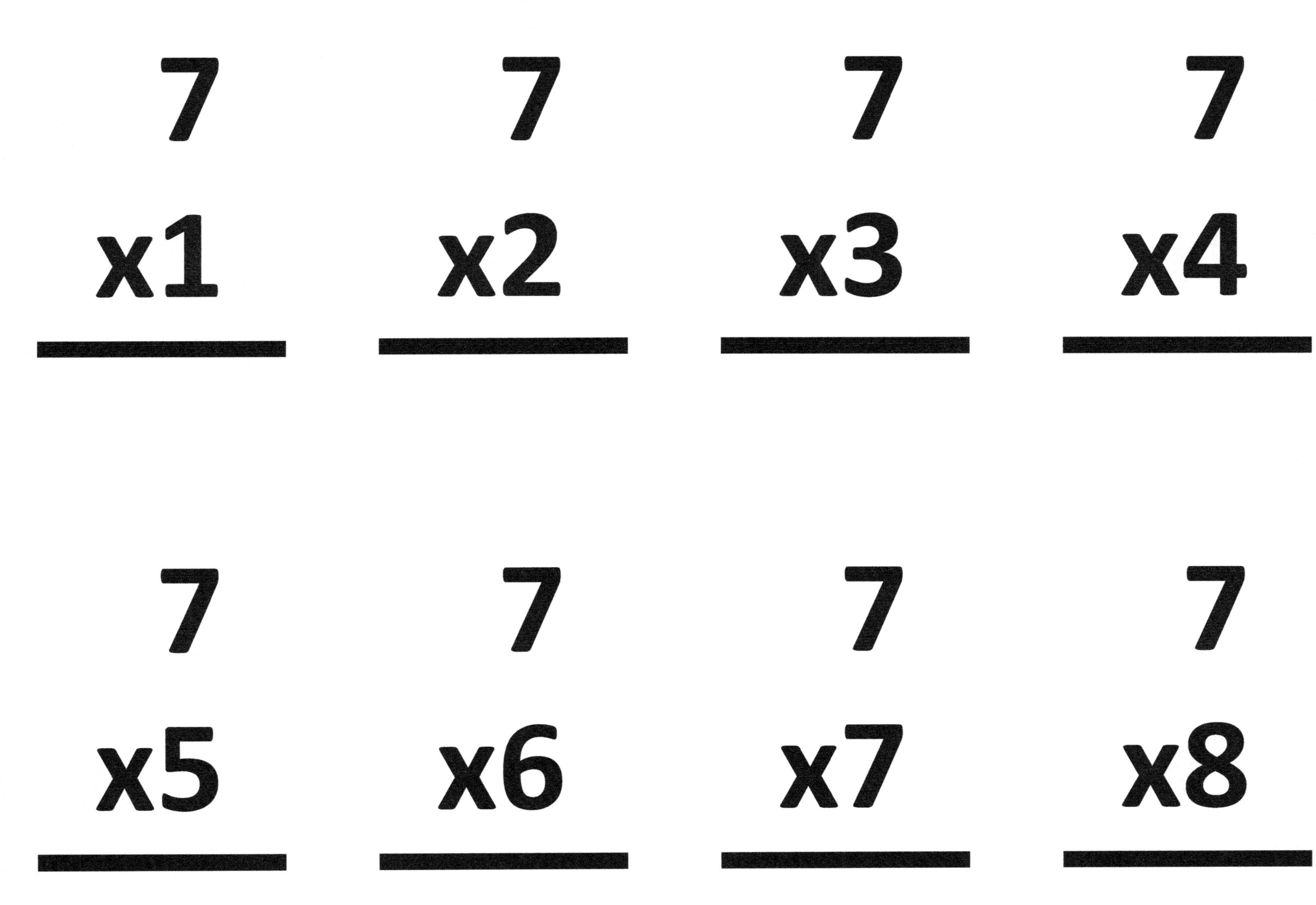
7
x1
7
x2
7
x3
7
x4
7
x5
7
x6
7
x7
7
x8

= 28	= 21	= 14	= 7
= 56	= 49	= 42	= 35

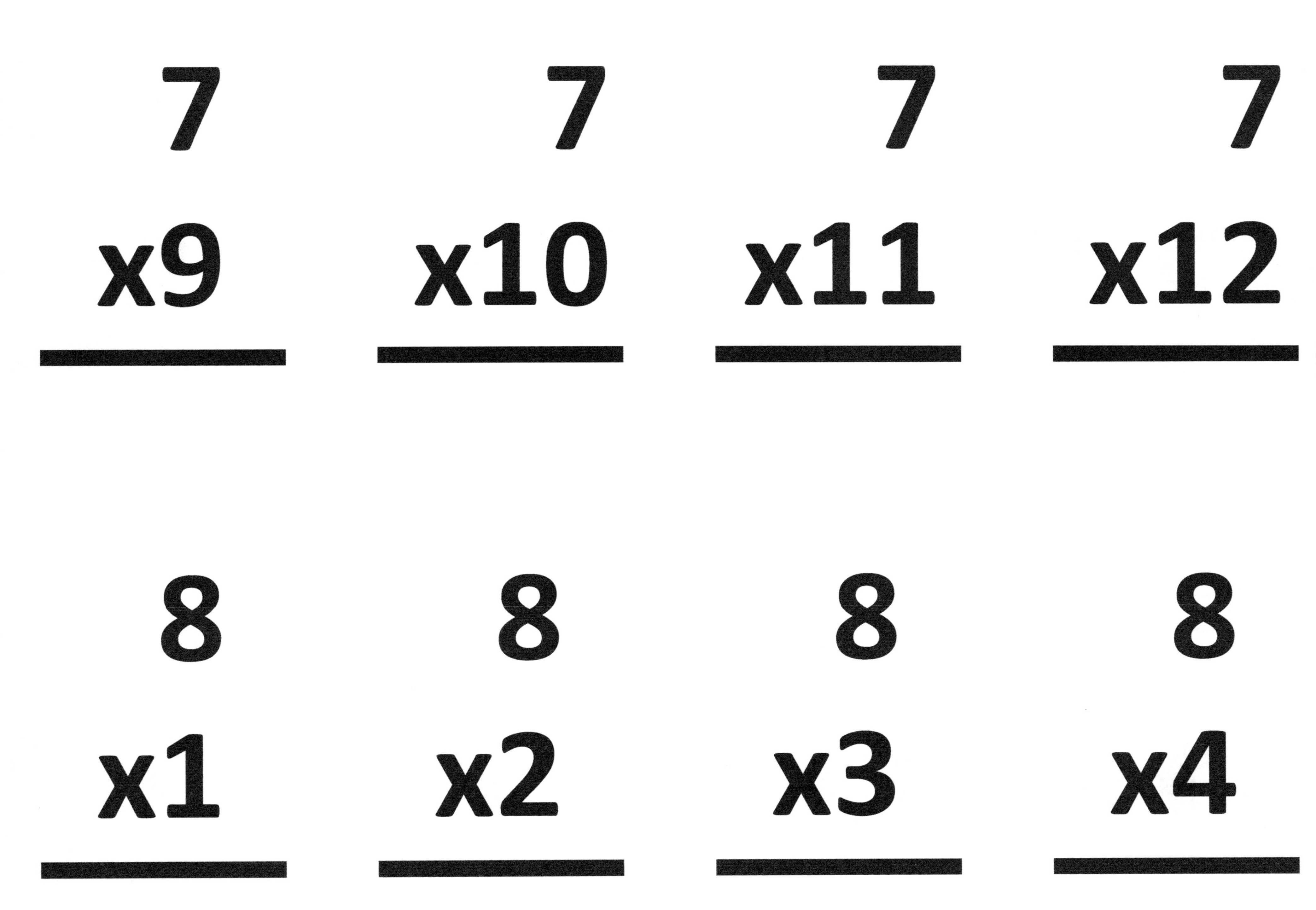

7	7	7	7
x9	x10	x11	x12
8	8	8	8
x1	x2	x3	x4

= 84	= 77	= 70	= 63
= 32	= 24	= 16	= 8

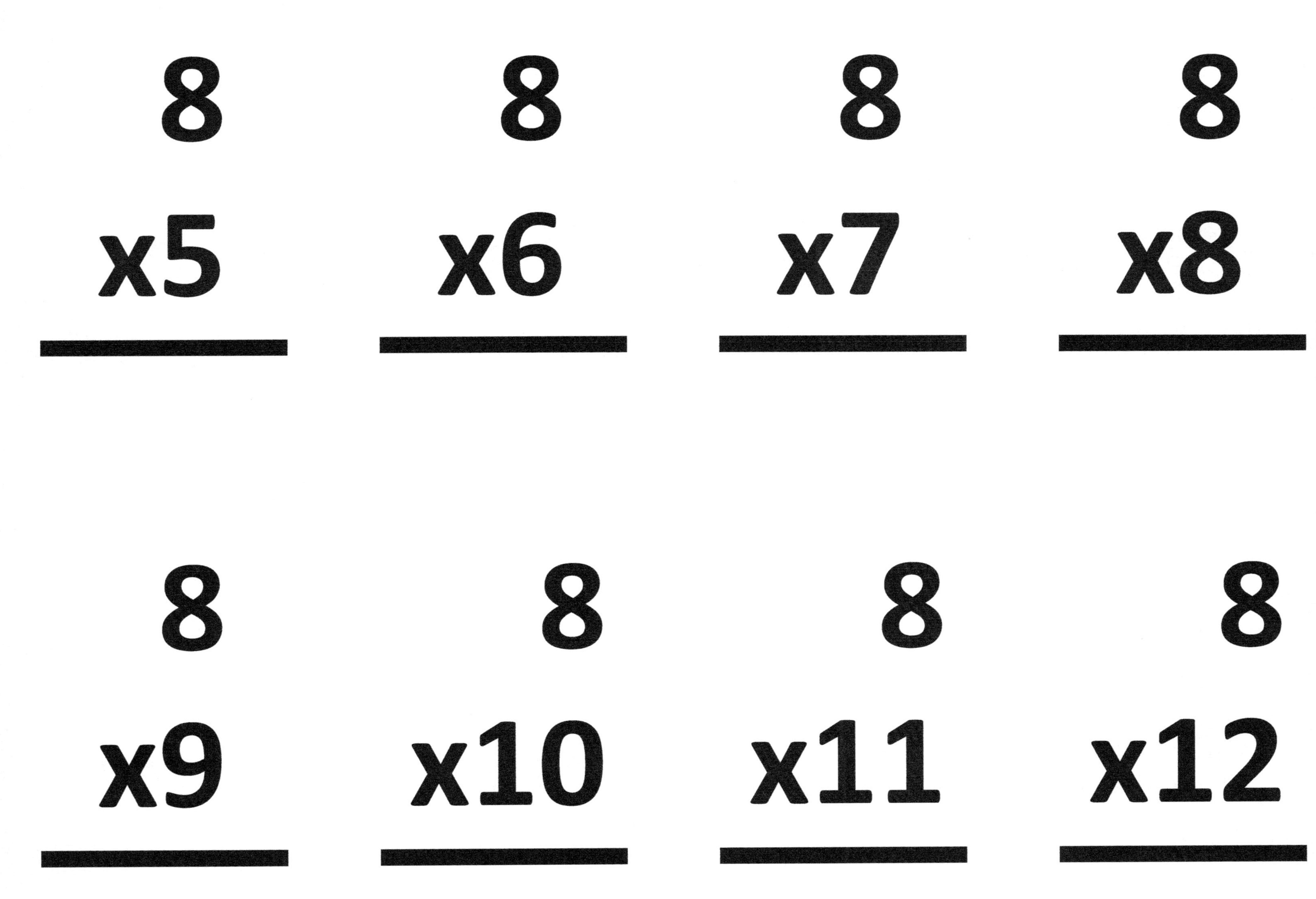
8
x5
8
x6
8
x7
8
x8
8
x9
8
x10
8
x11
8
x12

= 64	= 56	= 48	= 40
= 96	= 88	= 80	= 72

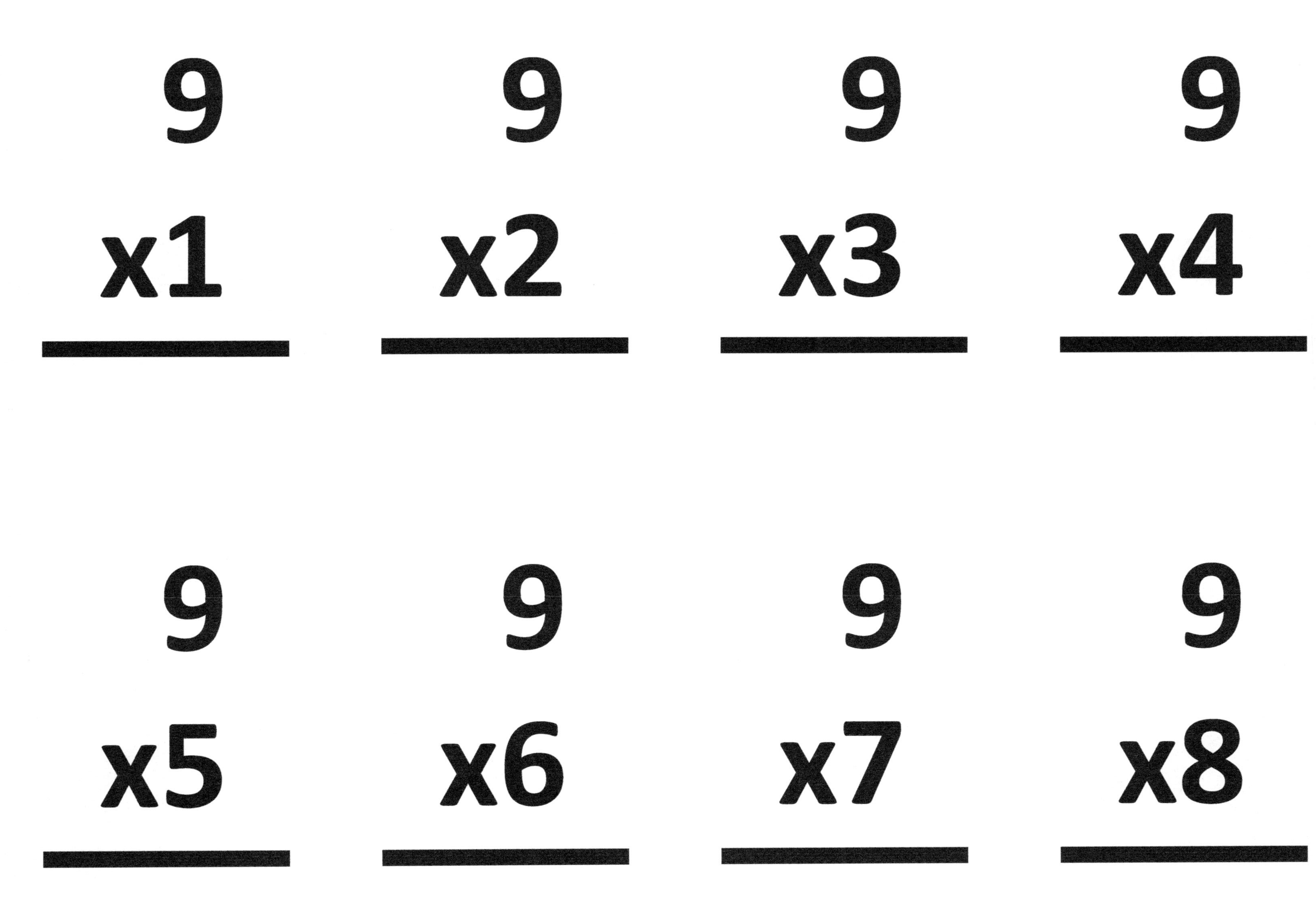
9
x1
9
x2
9
x3
9
x4
9
x5
9
x6
9
x7
9
x8

= 36	= 27	= 18	= 9
= 72	= 63	= 54	= 45

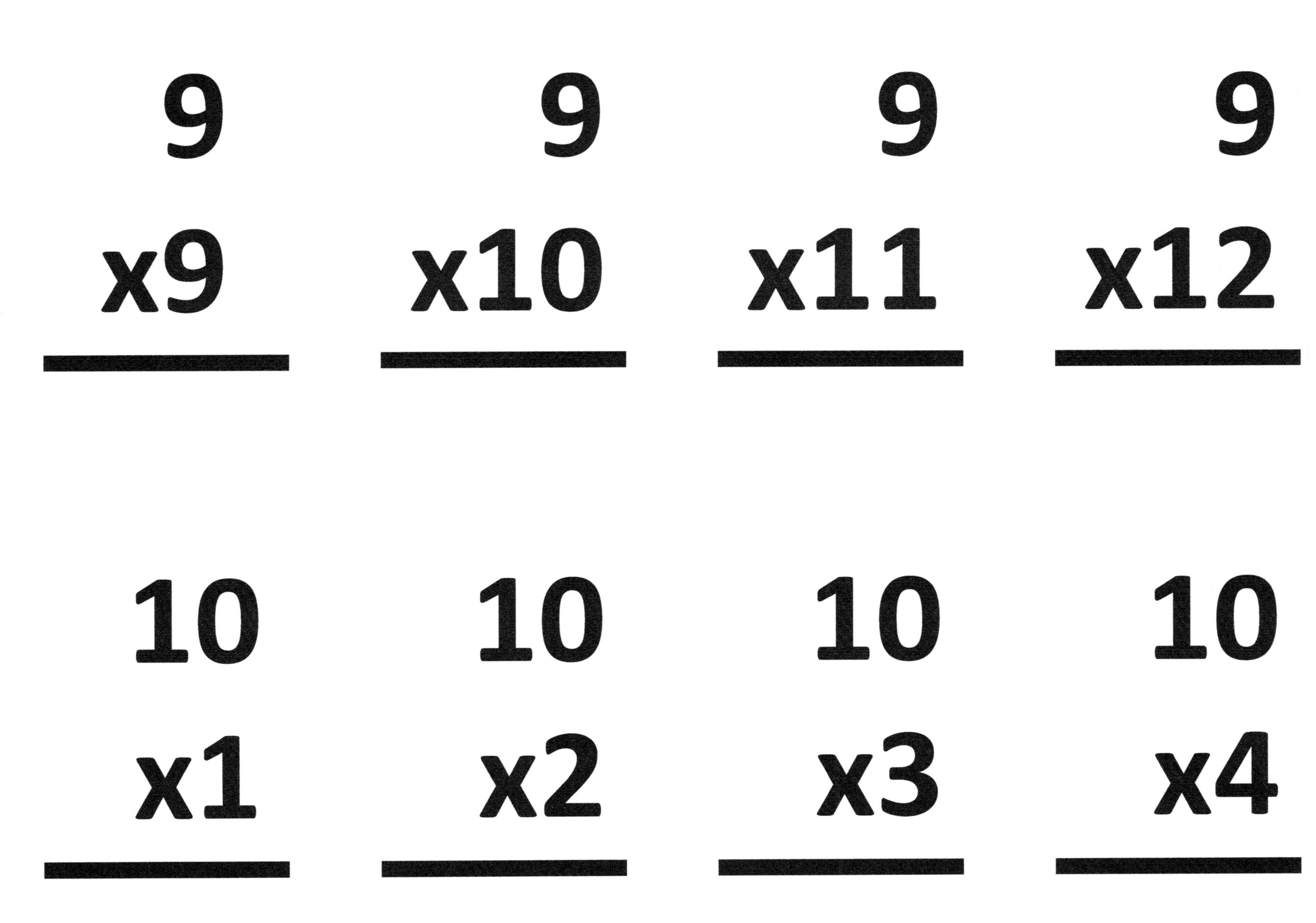
9
x9
9
x10
9
x11
9
x12
10
x1
10
x2
10
x3
10
x4

= 108	= 99	= 90	= 81
= 40	= 30	= 20	= 10

$$\begin{array}{r} 10 \\ \times 5 \\ \hline \end{array} \quad \begin{array}{r} 10 \\ \times 6 \\ \hline \end{array} \quad \begin{array}{r} 10 \\ \times 7 \\ \hline \end{array} \quad \begin{array}{r} 10 \\ \times 8 \\ \hline \end{array}$$

$$\begin{array}{r} 10 \\ \times 9 \\ \hline \end{array} \quad \begin{array}{r} 10 \\ \times 10 \\ \hline \end{array} \quad \begin{array}{r} 10 \\ \times 11 \\ \hline \end{array} \quad \begin{array}{r} 10 \\ \times 12 \\ \hline \end{array}$$

=	=	=	=
80	70	60	50
=	=	=	=
120	110	100	90

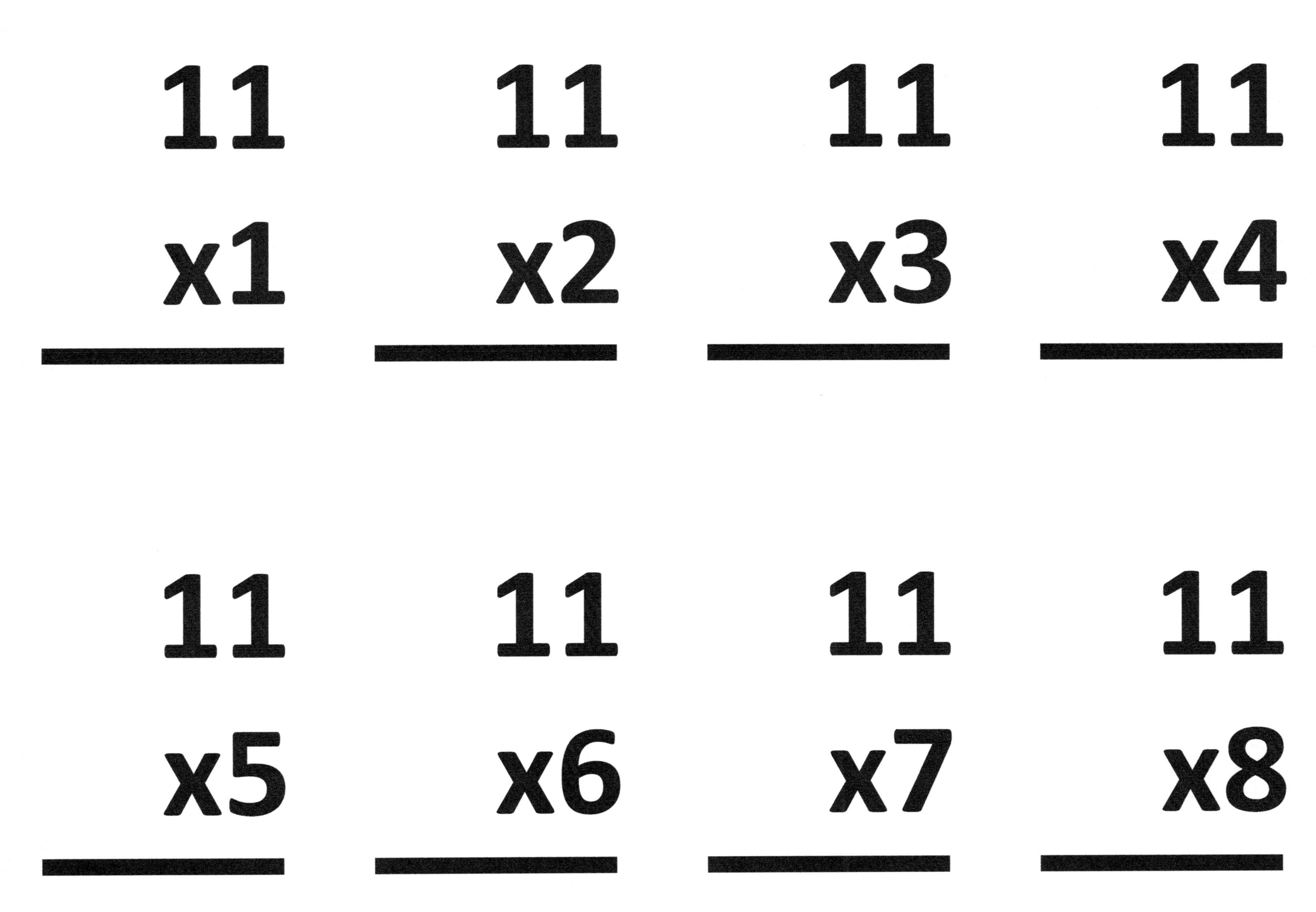

11	11	11	11
x1	x2	x3	x4
___	___	___	___
11	11	11	11
x5	x6	x7	x8
___	___	___	___

=	=	=	=
44	33	22	11
=	=	=	=
88	77	66	55

11	11	11	11
x9	x10	x11	x12
___	___	___	___
12	12	12	12
x1	x2	x3	x4
___	___	___	___

= 132	= 121	= 110	= 99
= 48	= 36	= 24	= 12

12	12	12	12
x5	x6	x7	x8
___	___	___	___
12	12	12	12
x9	x10	x11	x12
___	___	___	___

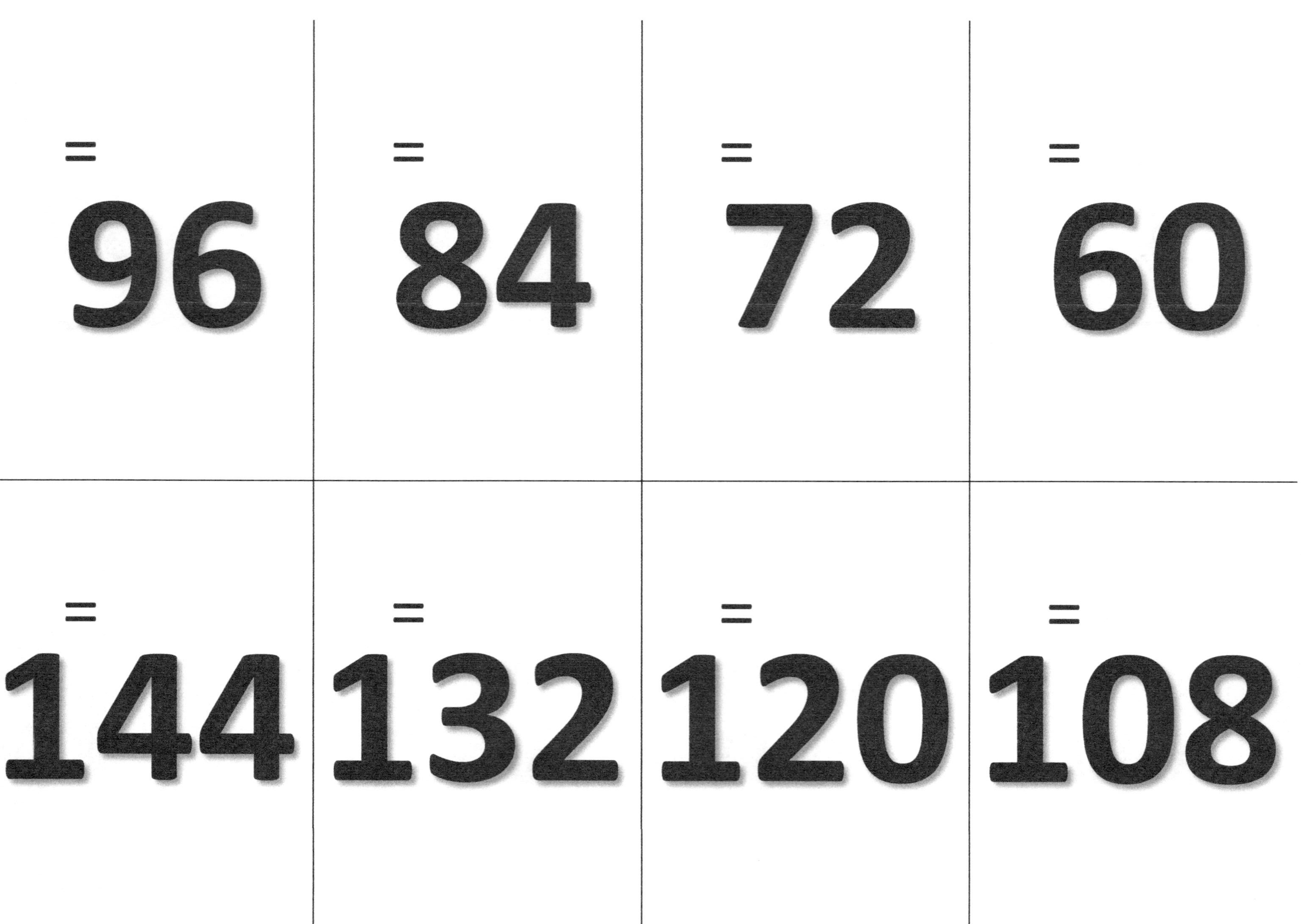
= 96
= 84
= 72
= 60
= 144
= 132
= 120
= 108

$$\begin{array}{r} 0 \\ +1 \\ \hline \end{array} \quad \begin{array}{r} 0 \\ +2 \\ \hline \end{array} \quad \begin{array}{r} 0 \\ +3 \\ \hline \end{array} \quad \begin{array}{r} 0 \\ +4 \\ \hline \end{array}$$

$$\begin{array}{r} 0 \\ +5 \\ \hline \end{array} \quad \begin{array}{r} 0 \\ +6 \\ \hline \end{array} \quad \begin{array}{r} 0 \\ +7 \\ \hline \end{array} \quad \begin{array}{r} 0 \\ +8 \\ \hline \end{array}$$

= 4	= 3	= 2	= 1
= 8	= 7	= 6	= 5

0	0	0	0
+9	+10	+11	+12
___	___	___	___
1	2	3	4
+0	+0	+0	+0
___	___	___	___

= 12	= 11	= 10	= 9
= 4	= 3	= 2	= 1

5	6	7	8
+0	+0	+0	+0
___	___	___	___
9	10	11	12
+0	+0	+0	+0
___	___	___	___

= 8	= 7	= 6	= 5
= 12	= 11	= 10	= 9

$$\begin{array}{r} 1 \\ +1 \\ \hline \end{array} \quad \begin{array}{r} 1 \\ +2 \\ \hline \end{array} \quad \begin{array}{r} 1 \\ +3 \\ \hline \end{array} \quad \begin{array}{r} 1 \\ +4 \\ \hline \end{array}$$

$$\begin{array}{r} 1 \\ +5 \\ \hline \end{array} \quad \begin{array}{r} 1 \\ +6 \\ \hline \end{array} \quad \begin{array}{r} 1 \\ +7 \\ \hline \end{array} \quad \begin{array}{r} 1 \\ +8 \\ \hline \end{array}$$

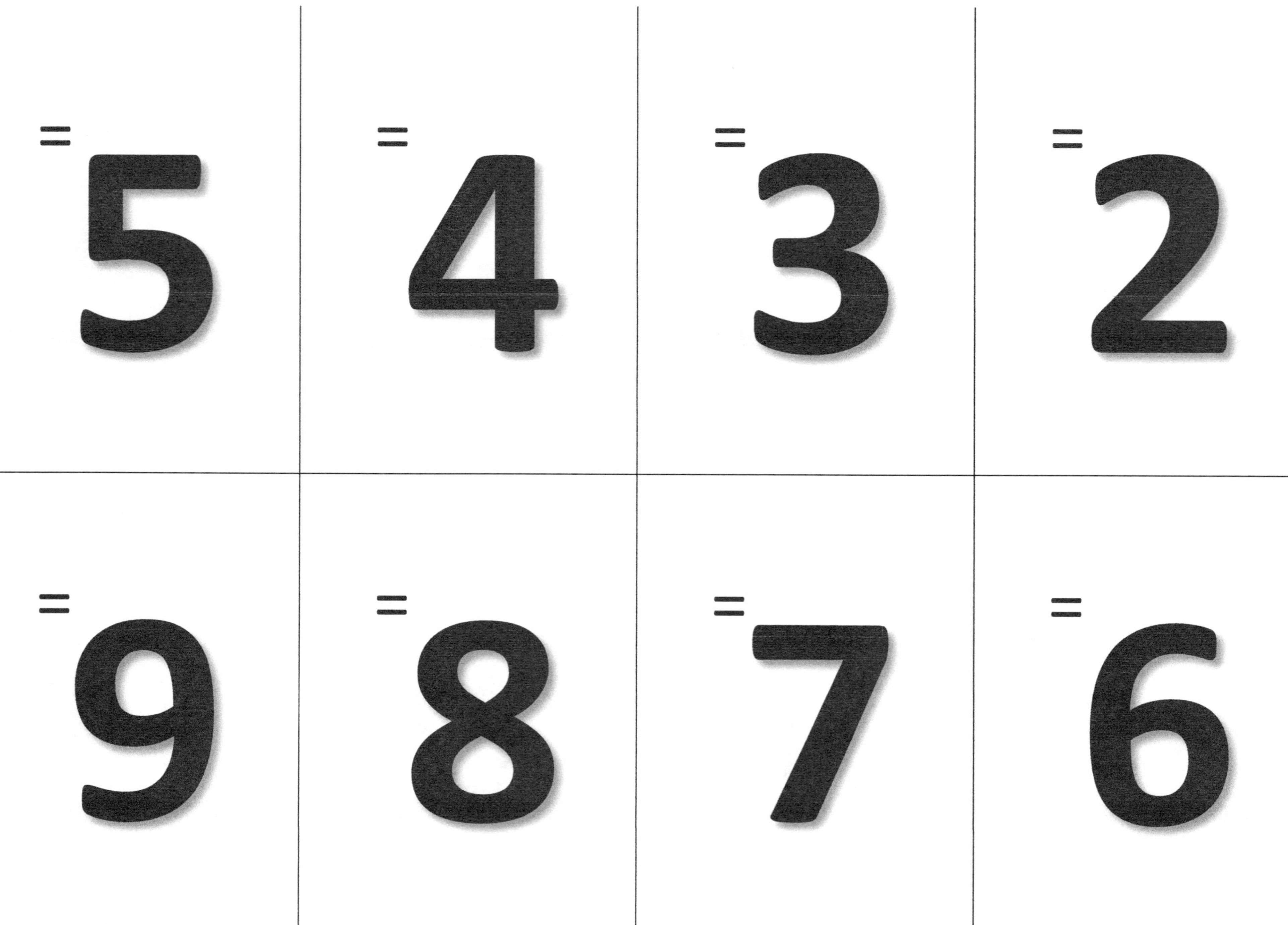
=5
=4
=3
=2
=9
=8
=7
=6

$$\begin{array}{r} 1 \\ +9 \\ \hline \end{array} \quad \begin{array}{r} 1 \\ +10 \\ \hline \end{array} \quad \begin{array}{r} 1 \\ +11 \\ \hline \end{array} \quad \begin{array}{r} 1 \\ +12 \\ \hline \end{array}$$

$$\begin{array}{r} 2 \\ +1 \\ \hline \end{array} \quad \begin{array}{r} 2 \\ +2 \\ \hline \end{array} \quad \begin{array}{r} 2 \\ +3 \\ \hline \end{array} \quad \begin{array}{r} 2 \\ +4 \\ \hline \end{array}$$

= 13	= 12	= 11	= 10
= 6	= 5	= 4	= 3

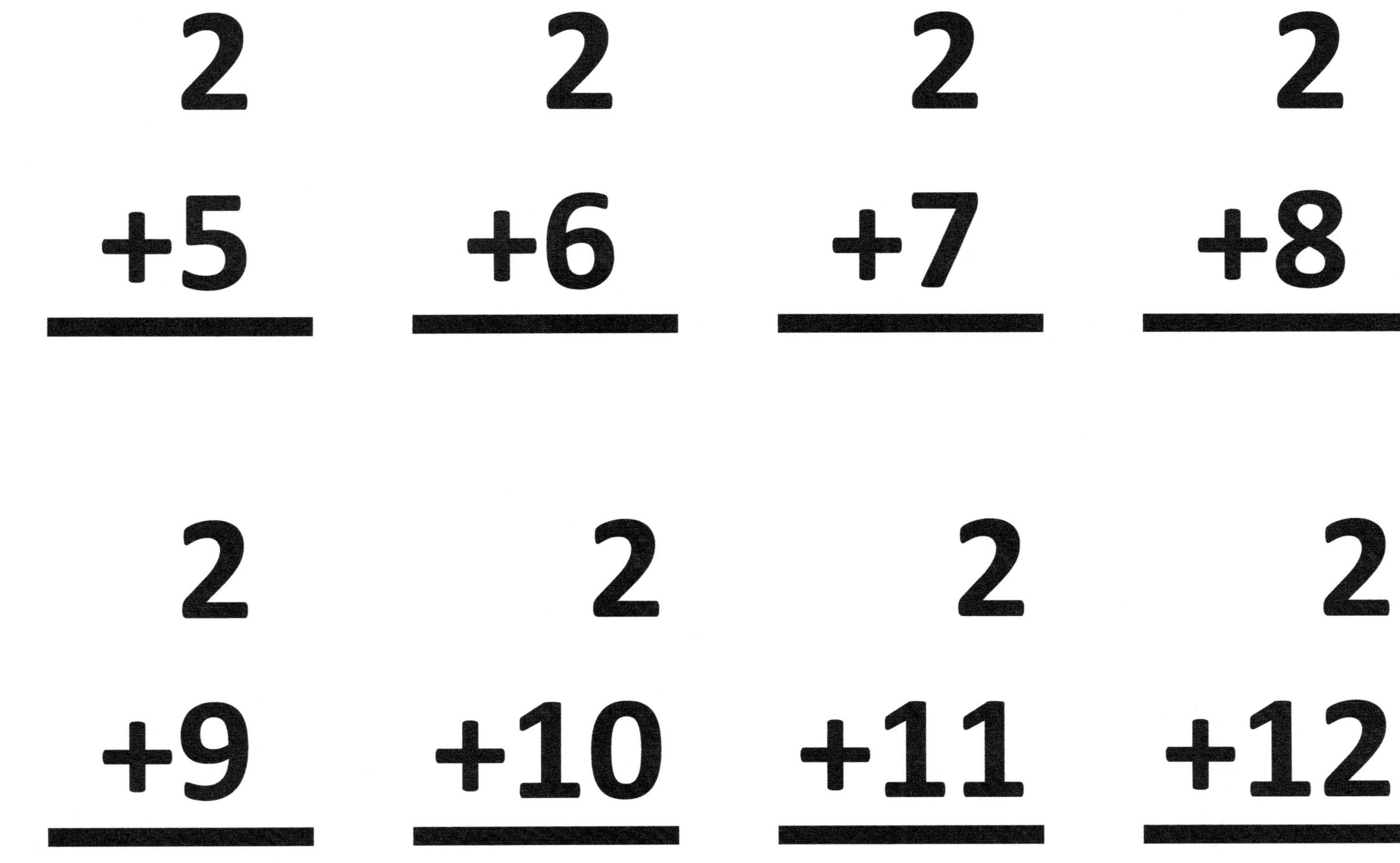

2	2	2	2
+5	+6	+7	+8
2	2	2	2
+9	+10	+11	+12

= 10	= 9	= 8	= 7
= 14	= 13	= 12	= 11

3	3	3	3
+1	+2	+3	+4
3	3	3	3
+5	+6	+7	+8

= 7	= 6	= 5	= 4
= 11	= 10	= 9	= 8

3	3	3	3
+9	+10	+11	+12
___	___	___	___
4	4	4	4
+1	+2	+3	+4
___	___	___	___

= 15	= 14	= 13	= 12
= 8	= 7	= 6	= 5

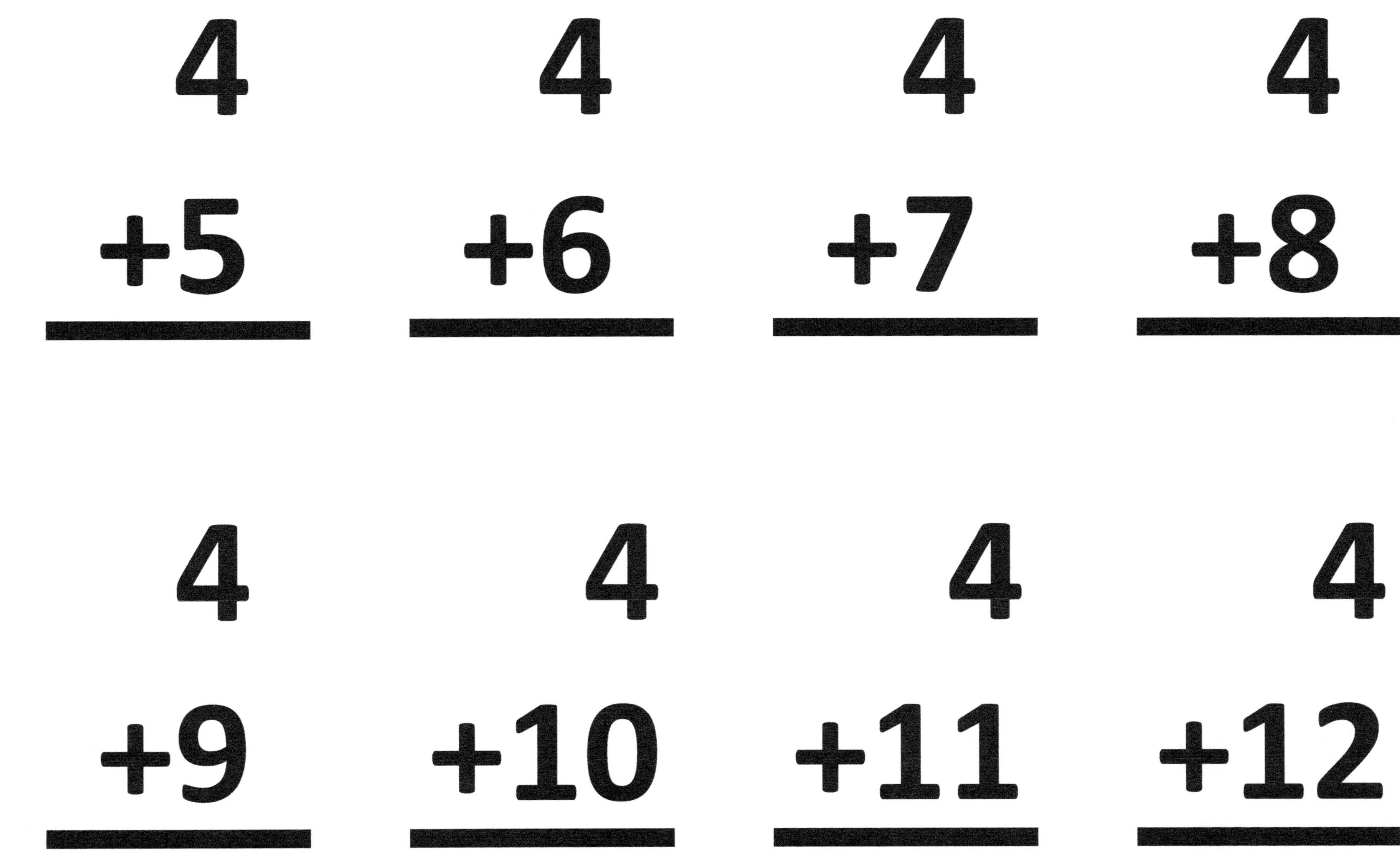
4
+5
4
+6
4
+7
4
+8
4
+9
4
+10
4
+11
4
+12

= 12	= 11	= 10	= 9
= 16	= 15	= 14	= 13

5	5	5	5
+1	+2	+3	+4
___	___	___	___
5	5	5	5
+5	+6	+7	+8
___	___	___	___

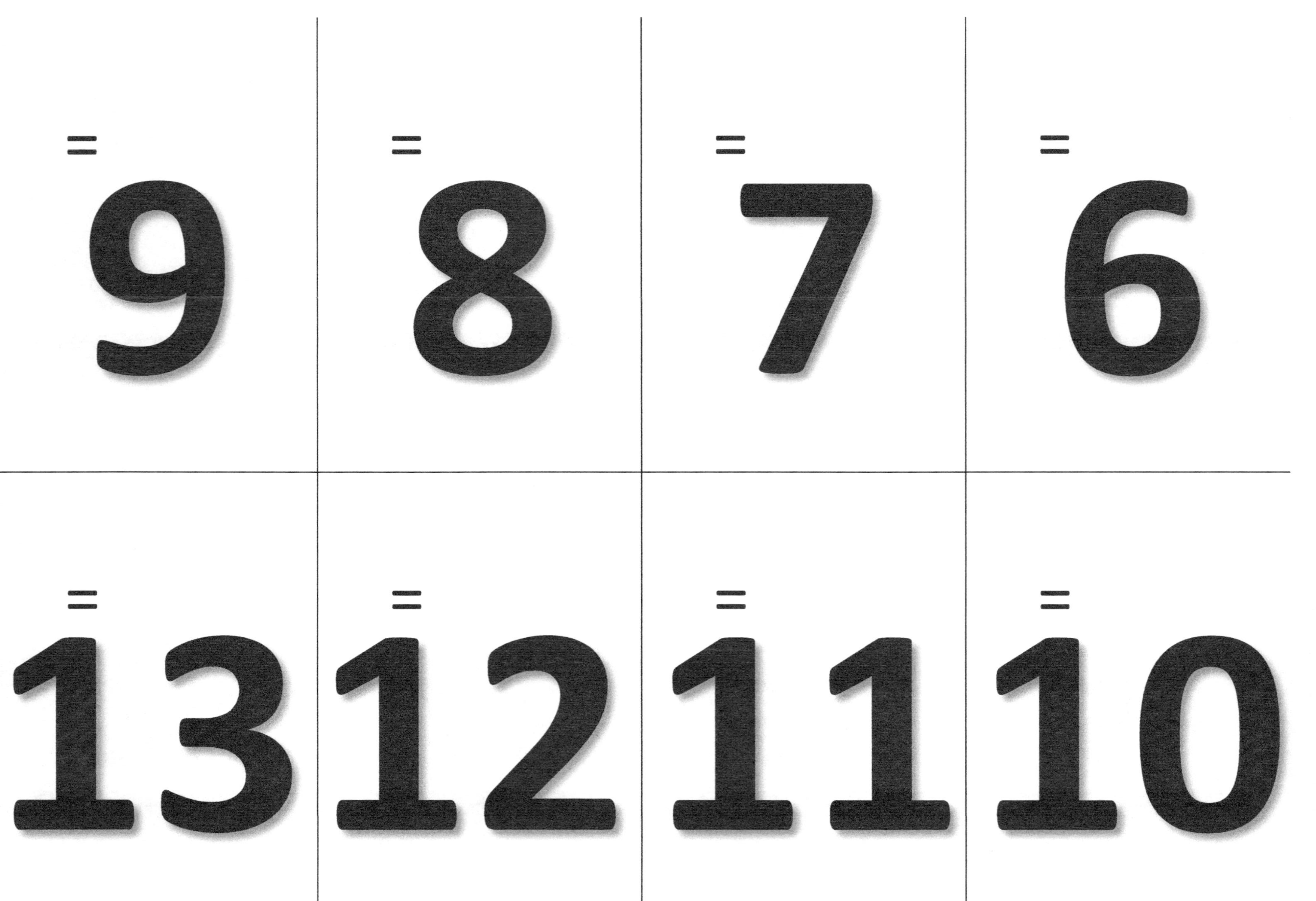
9
8
7
6
13
12
11
10

5	5	5	5
+9	+10	+11	+12
6	6	6	6
+1	+2	+3	+4

= 17	= 16	= 15	= 14
= 10	= 9	= 8	= 7

$$\begin{array}{r} 6 \\ +5 \\ \hline \end{array} \quad \begin{array}{r} 6 \\ +6 \\ \hline \end{array} \quad \begin{array}{r} 6 \\ +7 \\ \hline \end{array} \quad \begin{array}{r} 6 \\ +8 \\ \hline \end{array}$$

$$\begin{array}{r} 6 \\ +9 \\ \hline \end{array} \quad \begin{array}{r} 6 \\ +10 \\ \hline \end{array} \quad \begin{array}{r} 6 \\ +11 \\ \hline \end{array} \quad \begin{array}{r} 6 \\ +12 \\ \hline \end{array}$$

14	13	12	11
18	17	16	15

$\begin{array}{r} 7 \\ +1 \\ \hline \end{array}$	$\begin{array}{r} 7 \\ +2 \\ \hline \end{array}$	$\begin{array}{r} 7 \\ +3 \\ \hline \end{array}$	$\begin{array}{r} 7 \\ +4 \\ \hline \end{array}$
$\begin{array}{r} 7 \\ +5 \\ \hline \end{array}$	$\begin{array}{r} 7 \\ +6 \\ \hline \end{array}$	$\begin{array}{r} 7 \\ +7 \\ \hline \end{array}$	$\begin{array}{r} 7 \\ +8 \\ \hline \end{array}$

= 11	= 10	= 9	= 8
= 15	= 14	= 13	= 12

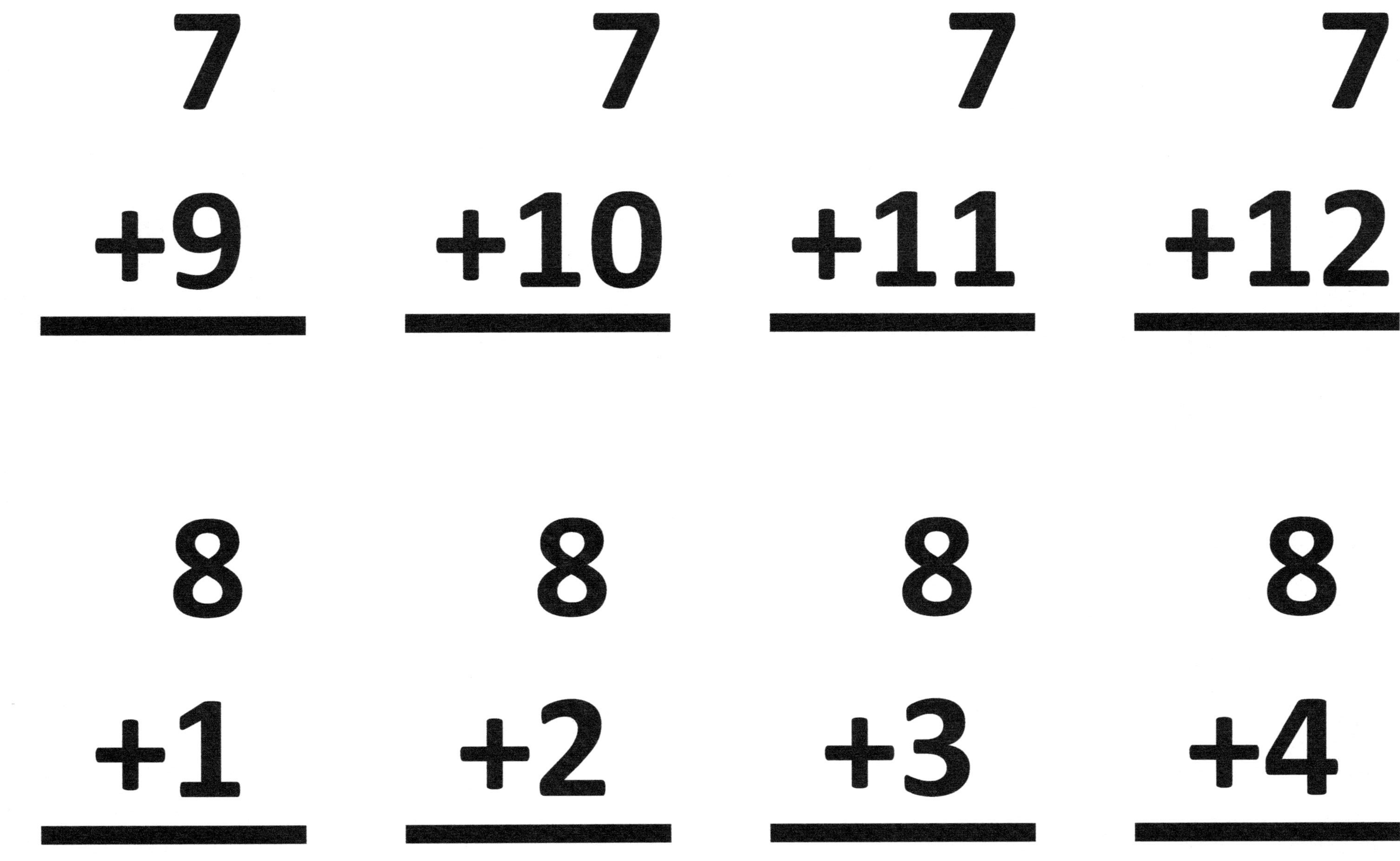

7	7	7	7
+9	+10	+11	+12
8	8	8	8
+1	+2	+3	+4

19	18	17	16
12	11	10	9

8 +5 ___	8 +6 ___	8 +7 ___	8 +8 ___
8 +9 ___	8 +10 ___	8 +11 ___	8 +12 ___

16	15	14	13
20	19	18	17

9	9	9	9
+1	+2	+3	+4
9	9	9	9
+5	+6	+7	+8

=	=	=	=
13	12	11	10
=	=	=	=
17	16	15	14

9	9	9	9
+9	+10	+11	+12

10	10	10	10
+1	+2	+3	+4

= 21	= 20	= 19	= 18
= 14	= 13	= 12	= 11

10	10	10	10
+5	+6	+7	+8
___	___	___	___

10	10	10	10
+9	+10	+11	+12
___	___	___	___

= 18	= 17	= 16	= 15
= 22	= 21	= 20	= 19

11	11	11	11
+1	+2	+3	+4
11	11	11	11
+5	+6	+7	+8

= 15	= 14	= 13	= 12
= 19	= 18	= 17	= 16

11 +9 ___	11 +10 ___	11 +11 ___	11 +12 ___
12 +1 ___	12 +2 ___	12 +3 ___	12 +4 ___

= 23	= 22	= 21	= 20
= 16	= 15	= 14	= 13

12	12	12	12
+5	+6	+7	+8
___	___	___	___
12	12	12	12
+9	+10	+11	+12
___	___	___	___

17

18

19

20

21

22

23

24

Printed in Great Britain
by Amazon

47208195R00051